ANALIZA KSIĄŻKI

Yvain, Rycerz Lwa

• • • • • • • • • • • • • • • •

CHRÉTIEN DE TROYES

ANALIZA KSIĄŻKI

Napisany przez Hadrien Seret
Przetłumaczony przez Kâmil Kowalski

Yvain, Rycerz Lwa

Chrétien de Troyes

CHRÉTIEN DE TROYES   5

Francuski poeta   5

YVAIN, RYCERZ LWA   6

Jedna z pierwszych książek literatury francuskiej   6

STRESZCZENIE   7

STUDIUM POSTACI   11

Yvain   11
Laudine de Landuc   12
Lunete   12
Lew   13

ANALIZA   15

Powieść średniowieczna   15
Brittany   15
Struktura kanoniczna i przepływ powieści Chrétien de Troyes   19
Tematy *Yvain, "Rycerz Lwa"*   20
Cudowność   23
Wyjątkowy styl pisania   24

DALSZA REFLEKSJA   26

Kilka pytań do przemyślenia...   26

DALSZE CZYTANIE   28

Wydanie referencyjne   28
Badania referencyjne   28

CHRÉTIEN DE TROYES

FRANCUSKI POETA

- **Urodził się około 1135 roku.**

- **Zmarł około 1183 roku.**

- **Godne uwagi prace:**

  - *Erec i Enide* (ok. 1170), powieść

  - *Lancelot, czyli rycerz z wozu* (ok. 1177-1181), powieść

  - *Perceval, czyli opowieść o Graalu* (napisana między 1181 a 1190 rokiem), powieść

Chrétien de Troyes urodził się w XII wieku. Z czasem stał się jedną z głównych postaci literatury średniowiecznej. Z wykształcenia urzędnik, służył na dworze swojej patronki Marii Francuskiej (ok. 1174-1204), zanim dołączył do hrabiego Flandrii, Filipa z Alzacji (1143-1191).

Znany jest przede wszystkim ze swoich talentów powieściowych: napisał *Ereka i Enide* około 1170 roku, *Cligèsa* około 1176 roku, *Yvaina, Rycerza Lwa* około 1177 roku, *Lancelota, czyli Rycerza Wozu* około 1177-1181 roku i *Percevala, czyli Historię Graala* pomiędzy 1181 a 1190 rokiem, choć historia ta pozostała niedokończona. Fakt, że dzieła te osadzone były w uniwersum rycerzy króla Artura, przyczynił się do ich niebywałego sukcesu i odegrał rolę w popularyzacji gatunku, który wcześniej był stosunkowo mało znany. Zaadaptował również mity Owidiusza (poeta łaciński, 43 p.n.e.-17/18 n.e.) i skomponował dwie pieśni dworskie.

YVAIN, RYCERZ LWA

JEDNA Z PIERWSZYCH KSIĄŻEK LITERATURY FRANCUSKIEJ

- **Gatunek**: powieść

- **Wydanie referencyjne**: Chrétien de Troyes (1914) *Yvain, Rycerz Lwa*. Trans. Comfort, W.W. London: Everyman's Library.

- Pierwsze **wydanie**: 1177

- **Tematyka**: wyprawa, odwaga, Bretania, miłość, honor, rycerze

Yvain, The Knight of the Lion to powieść w ośmiosylabowym wierszu, która została opublikowana około 1177 roku i opowiada przygody Yvaina. Poprzez głównego bohatera, który jest zakotwiczony w uniwersum arturiańskim, Chrétien rozwija ideę rycerza, który jest zawsze w poszukiwaniu misji, aby udowodnić swoją odwagę, ale nie waha się pomóc słabym, gdy sytuacja tego wymaga. Lew w opowieści symbolizuje jego atletyzm i moralną prawość. Nie potrafi on jednak znaleźć sposobu na połączenie honoru i miłości, dlatego musi ciężko pracować, aby naprawić tę wadę.

Oryginalność ujęcia tematów powieści i jej niebywała spuścizna sprawiają, że jest ona podstawowym dziełem francuskiej literatury średniowiecza.

STRESZCZENIE

Król Artur zwołał swój dwór na obchody Zielonych Świątek. Kiedy przyjęcie jest w pełnym rozkwicie, zostaje wezwany przez królową do jej kwatery. Przebywa z nią tak długo, że zasypia. Na zewnątrz pokoju niektórzy rycerze, w tym Gawain, Yvain i seneszal Kay, słuchają, jak kuzyn Yvaina, Calogrenant, opowiada im wstydliwą historię o czymś, co mu się przydarzyło. Siedem lat temu, będąc na wyprawie, spotkał dziwnego, prymitywnie wyglądającego człowieka, strzegącego byków, który powiedział mu, że w sercu lasu Broceliande znajduje się polana z magiczną fontanną. Według mężczyzny woda z tej fontanny mogła wywołać potężną burzę, jeśli niewielka jej ilość została wylana na kamień obok. Zaintrygowany Calogrenant udał się w poszukiwaniu fontanny i po zastosowaniu się do rad dziwnego człowieka wywołał katastrofę. Zaraz po tym przybył rycerz i wyzwał go na pojedynek, twierdząc, że jego własność została zniszczona przez burzę. Po otrzymaniu solidnego lania Calogrenant wrócił na dwór Artura, udając, że jest szalony, by uniknąć hańby.

Ze względu na ich wspólną krew, Yvain postanawia pomścić Calogrenanta. W tym samym czasie Artur, któremu królowa opowiada historię, planuje wyruszyć i zobaczyć to cudo na własne oczy. Yvain nie ma ochoty podróżować z królem, który planuje wyjechać za dwa tygodnie, dlatego wyrusza natychmiast, by odnaleźć to cudowne miejsce. Dociera do niego i rozpętuje burzę. Rycerz pojawia się ponownie i rzuca mu wyzwanie, ale Yvainowi udaje się go pokonać, przy okazji odnosząc śmiertelne rany. Po pościgu za uciekającym przeciwnikiem, Yvain zostaje uwięziony w jego zamku.

Właśnie wtedy, gdy wydaje się, że jest bliski śmierci, Yvain otrzymuje niespodziewaną pomoc od Lunete, służącej żony pokonanego rycerza. Daje mu ona pierścień, którego moc sprawia, że jego użytkownik staje się niewidzialny. Pozwala to rycerzowi uniknąć tłumu wieśniaków, którzy przyszli pomścić swojego pana, który już nie żyje. Jednak to doświadczenie pozostawia swój ślad na Yvain: on zakochuje się w pani zamku, który później dowiadujemy się jest Laudine de Landuc. Z Yvain niechętnie wymyślić sposób, aby ją zalotów, Lunete wymyśla plan dla niego zdobyć łaskę Lady, a dwa są ostatecznie żonaty.

Jakiś czas później Artur przybywa do bulgoczącej fontanny i wywołuje kolejną burzę. Yvain, który jest teraz panem zamku, wyzywa króla, który pozwala Kay walczyć w jego imieniu. Yvain łatwo pokonuje seneszala, po czym mówi Arturowi, kim jest i co się z nim stało. Udają się do zamku, gdzie organizowana jest wielka uczta. Podczas bankietu Gawain wytyka Yvainowi, że całą uwagę poświęca żonie kosztem swojego męstwa: proponuje mu, by pojechał z nim na turniej, by przywrócić mu reputację. Laudynka de Landuc zgadza się pod jednym warunkiem: że za rok wróci do zamku. Yvain przystaje na tę prośbę i wyrusza z Gawainem. Wygrywa wiele joustów, do tego stopnia, że zapomina o obietnicy złożonej żonie. Kiedy zdaje sobie sprawę z tego, co zrobił, minęło już półtora roku. Przybywa posłaniec od żony, aby powiedzieć mu, że ich związek dobiegł końca.

Ta wiadomość doprowadza Yvaina do szaleństwa. Zaczyna żyć nago w lesie i przeżywa tylko dzięki życzliwemu pustelnikowi. Pewnego dnia, gdy śpi w gęstwinie, rozpoznaje go służąca. Udaje jej się wyleczyć go z szaleństwa dzięki magicznej maści od swojej pani, pani z Noroison. Gdy dochodzi do siebie na ziemiach swego dobroczyńcy, zostają one zaatakowane przez hrabiego Aliera. Yvain chwyta za broń, pokonuje go, a następnie odchodzi. Po drodze ratuje lwa przed wężem, a zwierzę postanawia zostać jego towarzyszem podróży.

Na polanie Yvain ubolewa nad złymi decyzjami, które podjął i po wielokrotnych wyrzutach sumienia pada nieprzytomny. Jego miecz wpada do pochwy i rani go. Lew, widząc krew swojego pana, chwyta za broń i rusza, by popełnić samobójstwo. Jednak Yvain w końcu dochodzi do siebie, a lew się rozmyśla. Lamenty rycerza słyszy Lunete, która została zamknięta niedaleko, po tym jak obwiniono ją o obrazę Yvaina wobec jego żony. Została skazana na śmierć na stosie. Prosi go o pomoc, bo jedynym sposobem na uniknięcie kary jest znalezienie rycerza, który obroni ją przed trzema oskarżycielami. Yvain zgadza się jej pomóc. Noc spędza w zamku pewnego pana, który przyjmuje go honorowo, mimo że wkrótce spotka go nieszczęście: olbrzym imieniem Harpina z Góry przyjdzie następnego dnia, by zabić jego czterech synów, jeśli nie odda mu córki. Yvain, nazywając siebie Rycerzem z Lwem, stawia czoła i zabija olbrzyma z pomocą swojej bestii. Następnie w ostatniej chwili ratuje Lunete przed stosem, pokonując trzech ludzi, którzy niesłusznie ją oskarżyli. Po wykonaniu swojej pracy, po raz kolejny odchodzi.

W wyniku walki zostaje ciężko ranny, a leczą go córki pana z Noire Espine, który przygarnia go do siebie. Gdy lord umiera, starsza córka próbuje ukraść młodszej siostrze spadek. Kłótnia zostaje sprowadzona do króla Artura. Artur, dowiedziawszy się, że starszej siostrze udało się uzyskać poparcie Gawaina, błaga młodszą kobietę, by w ciągu 40 dni znalazła kogoś, kto ją obroni. Wyrusza zatem na poszukiwanie kogoś zwanego Rycerzem z Lwem. Znajduje go dzięki Lunetce i udaje jej się przekonać go do pomocy, a dwójka wyrusza na dwór Artura. Po drodze schronią się na noc w zamku Pesme Avanture. Yvain i siostra odkrywają setki dziewcząt, które są wykorzystywane przez dwa diaboliczne diabły. Zostają uwięzieni w zamku, a ratują się tylko dzięki męstwu rycerza, który niszczy niegodziwą parę. Termin kłótni szybko się zbliża, Yvain i najmłodsza siostra jadą szybko do zamku króla Artura.

Po przybyciu na miejsce obie siostry przedstawiają swoją sprawę. Między Gawainem a Yvainem rozpoczyna się walka, która trwa do zmierzchu, nie wyłaniając żadnego zwycięzcy. Po zakończeniu pojedynku Artur zmusza starszą siostrę do zwrotu części spadku, który należy się jej rodzeństwu.

Kilka dni później Yvain idzie do wrzącej fontanny i wywołuje burzę. Laudine de Landuc uważa, że jest skończona, gdyż jej zamek nie jest już chroniony, ale Lunete dzięki szybkiemu myśleniu udaje się pogodzić parę. Dwójka po raz kolejny zaczyna żyć razem.

STUDIUM POSTACI

YVAIN

Yvain jest głównym bohaterem powieści i zostaje przedstawiony przez Chrétiena jako dzielny i uprzejmy rycerz z dworu króla Artura. Jest synem króla Uriena i kuzynem Calogrenanta, który zainspirował go do rozpoczęcia wyprawy.

Już od pierwszych stron powieści widać, że Yvain jest bardzo upartą postacią: jest tak skupiony na wykonaniu swojego zadania, że traci wszelką zdolność do refleksji (autor określa go nawet jako "szaleńca", s. 36) i zostaje uwięziony przez swojego przeciwnika. Jednak nawet kiedy jest uwięziony i przestraszony, jego jedynym pragnieniem jest wytropienie przeciwnika. Ten upór ujawnia się także przy pierwszym spotkaniu z Laudine de Landuc: rycerz zakochuje się w niej i deklaruje, że dla jej miłości gotów jest zrobić wszystko.

Jego szaleństwo i utrata żony stopniowo doprowadzają go do zmiany postawy: staje się melancholijny i altruistyczny. Nazywając siebie "Rycerzem z Lwem", aby ukryć swoją tożsamość i wstyd, Yvain rozpoczyna drogę odkupienia, podpowiadaną przez lwa, który staje się jego symbolem: widzimy go wtedy, jak przychodzi z pomocą wielu ludziom w potrzebie i nigdy nie waha się przyjąć innych zadań, nawet jeśli odciągają go one od tego, na którym się skupia (na przykład epizody Harpina z Góry i zamku Pesme Avanture). Dręczy go jednak pamięć o porażce i systematycznie odrzuca wszelkie formy uznania i chwały ("Nie powinienem się odważyć, dopóki nie będę wiedział z pewnością, że odzyskałem dobrą wolę mojej pani", s. 55).

Jednak to właśnie jego sprawność połączona z pokorą pozwala mu odzyskać serce ukochanej i stać się rycerzem idealnym.

LAUDINE DE LANDUC

Laudine de Landuc jest początkowo żoną obrońcy fontanny, który zostaje zabity przez Yvaina. Jest przykładem romantycznego interesu wspólnego dla powieści Chrétiena: z reguły postać ta jest wysoko postawioną kobietą, która, choć początkowo nieosiągalna, daje się uwieść rycerskiej sprawności bohatera i zgadza się go poślubić.

Jednak jedna cecha odróżnia ją od tego stereotypu: jej niezdecydowanie. Rzeczywiście, nie podejmuje swoich dwóch decyzji dotyczących Yvaina – pierwszej o małżeństwie i drugiej o jego powrocie – zupełnie niezależnie. Choć ma tendencję do skłaniania się ku odmowie, zawsze kończy się to całkowitą zmianą zdania pod presją lub w wyniku sprytu Lunete. Inny przykład jej niezdolności do podejmowania decyzji widać, gdy Yvain po raz ostatni przychodzi do fontanny: podczas gdy dama lamentuje nad tym, co uważa za swój koniec, Lunete pokazuje jej, że tak naprawdę nie ma się czego obawiać.

Jest więc postacią, która nie ma kontroli nad wydarzeniami, ale po prostu jest pod ich wpływem.

LUNETE

Lunete jest służącą Laudine de Landuc i służy jako pośredniczka między bohaterem a różnymi postaciami w opowieści:

- Służy jako pośredniczka między bohaterem a wrogim środowiskiem zamku, w którym jest on uwięziony. Ratuje go dając mu swój magiczny pierścień, karmi go, myje, ubiera i tak dalej.

- Dzięki jej sprytowi, Yvain i Laudyna de Landuc poznają się i zakochują.

- Dzięki jej cennym radom danym młodszej córce Noire, Espine udaje się odnaleźć Yvaina na czas, by przyprowadzić go do Artura.

- W końcu, ona i jej spryt pozwalają pogodzić się Rycerzowi z Lwem i Laudine de Landuc.

LEW

Lew jest ważną postacią, stanowi "symboliczny rdzeń powieści". Rzeczywiście, po uratowaniu przez Yvaina podczas gwałtownej walki z ziejącym ogniem wężem, lew pozostaje u boku rycerza. Między tymi dwoma bohaterami powstaje bardzo silna więź: walczą oni teraz tylko u swego boku i jeden zawsze ratuje życie drugiemu. Yvain dzięki bestii staje się niepokonany, pokonując każdego przeciwnika, z którym przyjdzie mu się zmierzyć. Lew pomaga mu wyleczyć się z szaleństwa i odnaleźć drogę do chwały, honoru, przebaczenia i miłości małżeńskiej. Mając go u swego boku, Yvain staje się Rycerzem z Lwem i stopniowo odzyskuje swoje człowieczeństwo. Lew symbolizuje odwagę, szlachetność i siłę i przekazuje te cechy rycerzowi podczas walk, które razem toczą.

Pokazuje jednak również słabości Yvaina, ponieważ rycerz wydaje się niezdolny do wygrywania bitew bez pomocy swojego partnera. W istocie, jedyną bitwą, którą Yvain toczy bez lwa, jest ta przeciwko Gawainowi – ponieważ wyrusza do walki nie budząc przyjaciela, który jest w głębokim śnie – która nie ma zwycięzcy. Jednak bez Yvaina lew mógłby nie pokonać węża. Te dwie postacie są więc ściśle powiązane i nie mogą bez siebie nawzajem rozwijać się w pozytywny sposób w swoim uniwersum.

ANALIZA

POWIEŚĆ ŚREDNIOWIECZNA

Dziś bez trudu można znaleźć wersje powieści Chrétiena de Troyes pisane prozą, niekiedy uproszczone lub skrócone. Musimy jednak pamiętać, że obecne wydania dzieł autora to nic innego jak adaptacje do naszych czytelniczych przyzwyczajeń.

W średniowieczu powieści pisano wierszem, najczęściej oktosylabami (wiersz o ośmiu sylabach). Powodem tego był przede wszystkim brak cichego czytania w tamtych czasach: powieści miały być zatem czytane na głos słuchaczowi lub publiczności. Mając to na uwadze, wersy są bardzo przydatne, ponieważ dzięki częstemu stosowaniu rymów ułatwiają czytelnikowi zapamiętanie tekstu.

BRITTANY

Chrétien czerpie inspirację do swoich książek z Materii Wielkiej Brytanii.

Origins

Materia Brytanii wyznacza zbiór baśni i legend pochodzenia celtyckiego, które początkowo były przekazywane ustnie. W opowieściach tych spotykamy postacie i odkrywamy miejsca, które dziś stały się częścią kultury popularnej, takie jak król Artur, rycerze Okrągłego Stołu, las Broceliande, Merlin czarodziej czy para Tristan i Iseut.

Ta pula opowieści miała szczególne znaczenie na dworze Domu Plantagenetów w Anjou w [XII] wieku. Istotnie, król Henryk II (1519-1559) dzięki małżeństwu z Eleonorą Akwitańską (1122-1204) uzyskał zwierzchnictwo nad zachodnią Francją, a także Anglią, którą już posiadał. Tym samym panował nad większym terytorium niż król Francji. Niemniej jednak król Francji wciąż przewyższał go pod względem dziedzictwa, ponieważ twierdził, że jest potomkiem Karola Wielkiego (króla Franków, 742/747-814). W rezultacie, sławienie Artura w literaturze na ziemiach należących do rodu Plantagenetów wynika prawdopodobnie z tego, że Henryk II chciał wzbogacić swoją dynastię o równie imponujący mitologiczny rodowód.

Arturiańskie lore w powieściach wierszowanych

Uniwersum arturiańskie było częstym tematem w literaturze średniowiecznej końca XII i początku XIII wieku. W powieściach tego czasu można wyróżnić kilka powtarzających się elementów:

- **Stałe miejsce i czas**. Akcja zawsze rozwija się gdzieś na południu Wielkiej Brytanii, gdzie na ogół znajdują się miasta, zamki, lasy i wrzosowiska. Z czasowego punktu widzenia bohaterowie żyją zawsze w tym samym okresie: dostatnim [XII] wieku.

- **Wyraźnie zdefiniowane postacie**. Czytelnik jest zawsze wprowadzany na dwór Artura, który skupia ograniczoną liczbę postaci o dobrze zdefiniowanych naturach i relacjach. Są to na ogół król Artur, królowa Ginewra, seneszal Kay i Gawain, bratanek króla.

- **Centralne miejsce Artura**. Król odgrywa centralną rolę w opowieści, nawet jeśli tak naprawdę nie jest jej częścią, jak to ma miejsce w *Yvain, Rycerzu Lwa*. W istocie Artur jest centrum dworu, który bohater zawsze opuszcza i do którego powraca. Chrétien nigdy formalnie nie przedstawia króla i jego królowej, ponieważ są to postaci, które wszyscy już znają.

- **Element antyhistoryczny**. Opowieści arturiańskie nie mają realnego związku z historią, ponieważ bohaterowie są umocowani w ramach czasowych, które są unikalne dla danej opowieści. Co więcej, nawet jeśli istnieje chronologia wydarzeń, czas niczego nie zmienia, a bohaterowie nie mają pamięci o tym, co przeżyli z jednej opowieści do drugiej.

To właśnie na tym tle Chrétien osadza swoje opowieści.

Wyjątkowy styl Chrétiena

Chrétien może i czerpie inspirację z Materii Brytanii i osadza swoje opowieści w legendzie arturiańskiej, ale czym różni się od innych autorów tamtych czasów?

Po pierwsze, Chrétien tworzy spójne fikcyjne uniwersum, które zawiera wszystkie wymienione wcześniej cechy. W rezultacie wszyscy jego bohaterowie są rzeczywiście dobrze zdefiniowani, ale nadaje im również bardzo szczególne cechy, które pojawiają się wielokrotnie we wszystkich jego powieściach: na przykład zdradziecki seneszal Kay nie umie trzymać języka za zębami. Autorzy, którzy przyszli po

Chrétien'ie przejęli te cechy, co czyni jego dzieło wzorem dla tych, którzy przyszli po nim.

Następnie, w przeciwieństwie do swoich poprzedników, którzy uczynili historię tematem swoich dzieł, powieści Chrétiena zbudowane są wokół jednej postaci, bohatera opowieści (w tym przypadku Yvaina). Należy zauważyć, że *Perceval, or, The Story of the Grail* jest wyjątkiem od tej reguły, ponieważ autor skupia się na historiach Percevala i Gawaina. W związku z tym Chrétien "nie wysuwa żadnych roszczeń do opowiadania o panowaniu Artura [...] Każda poszczególna historia jest przedstawiona jako fragment całości, jako jedna z części rozległej opowieści, której każdy czytelnik ma zrozumieć ukrytą ciągłość" (Zink, 2014: 142). Zakłada się zatem, że czytelnik zna historię Artura, ponieważ nie jest ona nam przedstawiona, a zatem nie ma żadnego znaczenia w opowieści.

Wreszcie, we wszystkich powieściach Chrétiena ważną, a czasem wręcz zasadniczą rolę odgrywa miłość. Tak jest w przypadku Yvaina i jego damy, gdyż nie dotrzymując obietnicy, rycerz łamie serce ukochanej i w konsekwencji próbuje je odzyskać, stając się bohaterem godnym tego miana. Miłość jest więc jedną z przyczyn nieszczęścia Yvaina, a także jednym z jego celów: pełni ważną rolę w opowieści.

Chrétien eksploatuje Materię Brytanii i istniejące wcześniej uniwersum arturiańskie, nadając im szlachetny aspekt i przyczyniając się do ich potomności.

STRUKTURA KANONICZNA I PRZEPŁYW POWIEŚCI CHRÉTIEN DE TROYES

Jak przyznaje sam autor, prawdziwa oryginalność jego powieści leży w tym, co nazywa "przepływem", czyli innymi słowy w sposobie opowiadania. Sama treść nie ma dla niego żadnej wartości, ponieważ pochodzi albo z tego, co chcą jego patroni, albo z bogactwa wcześniej istniejących materiałów.

Obserwując dokładniej ciąg wydarzeń w poszczególnych powieściach Chrétiena, staje się oczywiste, że niemal wszystkie mają taką samą strukturę i można je podzielić na sześć etapów:

- **Poszukiwanie**. Najczęściej quest dotyczy jakiegoś przedmiotu, osoby lub cudu. W *Yvain, The Knight of the Lion, questem* rycerza jest odnalezienie obrońcy wrzącej fontanny, aby pomścić swojego kuzyna.

- **Odkrycie czegoś cudownego**. Ten przedmiot może mieć dowolny wygląd i często jest magiczny. Wrząca fontanna i wywołana przez nią burza są cudownymi przedmiotami tej opowieści.

- **Miłość do damy**. Jak już wspomniano, miłość ta dotyczy często kobiety szlachetnej krwi, którą rycerz zdoła uwieść swoją sprawnością. W *Yvainie, Rycerzu Lwa,* to właśnie reputacja Yvaina, którą Lunete bardzo stara się podkreślić, sprawia, że Laudine de Landuc zakochuje się w nim.

- **Zarzut braku męstwa**. W powieści bohater jest krytykowany, ponieważ od czasu małżeństwa większość czasu poświęca żonie, a nie obowiązkom rycerskim. Gawain nawet otwarcie czyni mu z tego powodu wyrzuty: "Co? Czy będziesz jednym z tych […], którzy degenerują się po ślubie?" (p. 32).

- **Realizacja aktów odwagi i sprawności.** Aby odpowiedzieć na krytykę, bohater podróżuje po świecie i dokonuje wielu wyczynów, aby udowodnić swoją odwagę. W konsekwencji, w *Yvain, The Knight of the Lion,* Yvain wyjeżdża na rok z Gawainem, aby udowodnić swoją wartość w turnieju.

- **Pojednanie i powrót do owczarni.** Gdy główny bohater wykaże się odwagą, wraca do swojej ukochanej i oboje żyją długo i szczęśliwie. W *Yvainie, Rycerzu Lwa,* Yvain pojednał się ze swoją panią dopiero po dokonaniu czynów odkupieńczych.

TEMATY *YVAIN, "RYCERZ LWA"*

Jak pokazuje kanoniczny zarys powieści Chrétiena, każda z opowieści autora zbudowana jest na opozycji honoru i miłości, a celem historii jest udowodnienie, że możliwe jest znalezienie równowagi między nimi.

Honor

W średniowieczu pojęcie honoru było ściśle związane z realizacją czynów heroicznych. W istocie, rycerz może zdobyć szacunek swoich rówieśników tylko poprzez dokonywanie chwalebnych czynów. To właśnie w tym kontekście musimy zrozumieć ciągłą chęć rycerzy do wyruszania na wyprawy: częściej próbują oni zmierzyć się z tym, co niezwykłe, aby udowodnić swoją wartość dla dworu.

W *Yvain, Rycerzu Lwa*, Chrétien dodaje do honoru nowy wymiar: altruizm. W rezultacie fikcyjny rycerz nie dokonuje już tylko aktów sprawności, aby udowodnić swoje męstwo, ale także dobrowolnie interweniuje, aby pomóc ludziom w potrzebie.

Miłość

Chrétien prezentuje w swoich powieściach bardzo nowatorską wizję miłości. Różni się ona znacząco od dominującej wcześniej koncepcji miłości dworskiej.

Miłość dworska jest bardzo częstym motywem w poezji, a opiera się na niemożności zawarcia małżeństwa między mężczyzną a jego ukochaną, ponieważ jest ona wyższa rangą od niego. Taka sytuacja przysparza obu osobom wiele cierpienia. Czasami miłość może stać się fizyczna, ale tylko poprzez cudzołóstwo, którego autor nie pochwala.

Chrétien buduje swoją koncepcję miłości na możliwości takiego małżeństwa, jeśli spełnione zostaną dwa warunki:

- rycerz musi zdobyć serce ukochanej poprzez akty odwagi;

- po ślubie rycerz musi nadal utrzymywać swoją rycerską reputację, dokonując nowych aktów sprawności, aby jego miłość nie zaszkodziła jego męstwu.

Połączenie tych dwóch elementów, honoru i miłości, pozwala bohaterowi stać się idealnym rycerzem.

Rycerz-errant

Jak mówi Michel Zink, "samotna postać rycerza-erranta, którą Chrétien praktycznie wymyślił z niczego, jest manifestacją stawki w jego powieściach" (Zink: 143). W *Yvain, Rycerzu Lwa*, Yvain ucieleśnia tę figurę rycerza-erranta, wyruszając na trzy różne wyprawy:

- **Poszukiwanie tożsamości.** Yvain wierzył, że wie, kim jest, dopóki nie dotrzymał obietnicy i nie pochłonęło go szaleństwo, które można porównać do kryzysu tożsamości. Dzięki spotkaniu z lwem jest w stanie wreszcie trzymać głowę wysoko i potwierdzić, że jest Rycerzem z Lwem. Przygody, które przeżywa, mając u boku swojego towarzysza, pozwalają mu również odkryć samego siebie.

- **Poszukiwanie miłości.** Po utracie miłości swojej damy, rycerz popada w obłęd. Wierzył, że jest idealnym rycerzem, ale nie udało mu się nawet zatrzymać żony. Stawia czoła wszelkim niebezpieczeństwom, aby udowodnić swoją wartość i odzyskać utraconą miłość.

- **Poszukiwanie drugiego człowieka.** Yvain podczas swoich przygód odkrywa również innych ludzi. Stawia czoła wrogom, przychodzi z pomocą ofiarom i uświadamia sobie istnienie innych.

Idea rycerza według Chrétiena to zatem ktoś daleki od doskonałości, człowiek, który musi przezwyciężyć swoje słabości poprzez te trzy zadania, aby stać się osławionym rycerzem doskonałym.

CUDOWNOŚĆ

Cudowność jest elementem powtarzającym się w powieści arturiańskiej, niezależnie od formy, jaką przybiera. Słowo "cud" pochodzi od francuskiego słowa "merveille", które z kolei pochodzi od łacińskiego słowa "mirabilia". Mirabilia" oznacza "spojrzenie": cud to zatem coś, co zadziwia, co przyciąga wzrok, co jest godne podziwu.

W średniowiecznych opowieściach określenie "marvel" lub "marvellous" jest na ogół znakiem, że w opowieści pojawi się element fantastyczny. Czytelnik będzie więc miał do czynienia z czymś nadprzyrodzonym. Włączając pierścień, który Lunete daje Yvainowi, aby uczynić go niewidzialnym dla jego wrogów, Chrétien wprowadza do swojego tekstu element cudowny.

Nie należy jednak mylić elementu cudownego z cudem, innym przejawem nadprzyrodzoności. W istocie, gdy wydarzenie ma boskie pochodzenie, nie jest już cudowne, lecz cudowne. Ten rodzaj elementu nadprzyrodzonego występuje również w tekstach średniowiecznych. Cuda są bardzo rzadkie w utworach średniowiecznych: występują najczęściej w średniowiecznym teatrze religijnym, gdy na przykład święty imieniem Barbe rozłupuje modlitwą mur swojego zamku na dwie części (*Le Mystère de sainte Barbe en cinq journées*).

Element cudowny nie rości sobie zatem prawa do boskiego pochodzenia – ma pogańskie korzenie. Dotyczy to zwłaszcza magicznego pierścienia, motywu powracającego w literaturze, wykorzystywanego także przez J. R. R. Tolkiena (1892-1973) w jego trylogii *Władca Pierścieni*.

WYJĄTKOWY STYL PISANIA

Dzieła Chrétiena mają niepowtarzalny styl i ton.

Autor w swoich tekstach decyduje się czasem na lekki, żartobliwy ton, co widać po pewnej perspektywie, jaką przyjmuje w stosunku do opowiadanej historii. W efekcie jego bohaterowie znajdują się niekiedy w sytuacjach, w których przyjmują postawę nieoczekiwaną lub zupełnie zbyt przewidywalną. Chrétien nie waha się stosować wątków bocznych czy pozwalać narratorowi na komentowanie pewnych negatywnych aspektów danej postaci. Jest to szczególnie widoczne w scenie z próbą samobójczą lwa, kiedy autor mówi: "Nigdy nie słyszałeś większego smutku opowiadanego lub mówionego o czymś, niż ten, który teraz zaczął okazywać" (s. 43). Biorąc pod uwagę, jak bardzo lew jest zrozpaczony z powodu zwykłego nieporozumienia, nie sprawdzając nawet, czy jego pan jest naprawdę martwy, możemy założyć, że Chrétien subtelnie kpi z przesadnej reakcji swojego bohatera, zwracając się do czytelnika w lekko żartobliwym tonie. Podkreśla rzekomo niezwykły charakter tej emocjonalnej sceny, która w rzeczywistości jest raczej śmieszna. Innym, bardziej dosadnym przykładem jest sytuacja, gdy Yvain ściga rycerza z fontanny po śmiertelnym zranieniu go: "Wprost przez nią rycerz pędził, a mój pan Yvain szedł za nim jak szalony i tak blisko, że trzymał go za łęk od siodła. Dobrze się stało, że był wyciągnięty do przodu, bo gdyby nie to szczęście, zostałby przecięty na wylot" (s. 15). Zauważamy, że Chrétien porównuje swojego bohatera do szaleńca, który akurat ma szczęście. Podkreśla zatem bardzo przewidywalną cechę rycerza, który bez zastanowienia rzuca się w każdą przygodę. Poprzez to dość niepochlebne porównanie narrator komentuje zatem negatywny aspekt rycerza, który po prostu skacze do działania bez refleksji.

Styl Chrétiena zasługuje na uwagę również dlatego, że jest on pierwszym pisarzem, który nie respektuje jedności ośmiosylabowego kupletu (aa, bb, cc itd.), co było standardem w ówczesnym wierszu: znaczenie zdania wykracza więc poza dwa wersy wersu. Na przykład: "Kiedy nadeszła noc, a czas na kolację nadszedł. Vavasor przyszedł mnie szukać" (s. 7). Zauważamy, że myśl zdania nie zatrzymuje się na dwóch pierwszych wersach, które w języku starofrancuskim tworzą oktosylabowy couplet, ale przenosi się na trzeci. Takie zerwanie często pojawia się w *Yvain, Rycerzu Lwa* i pozwala czytelnikowi mieć wrażenie, że czyta tekst napisany w bardziej naturalny sposób.

Wszystkie te cechy szczególne czynią Chrétiena jednym z największych francuskich autorów średniowiecza.

DALSZA REFLEKSJA

KILKA PYTAŃ DO PRZEMYŚLENIA...

* Porównaj Laudine de Landuc do romantycznych interesów w innych książkach Chrétiena. Jakie podobieństwa i różnice możesz zauważyć?

* Ogólnie rzecz biorąc, jak Chrétien przedstawia w swoich utworach interes miłosny?

* Czy Yvain jest w mniemaniu Chrétiena rycerzem idealnym? Uzasadnij swoją odpowiedź.

* Porównaj, w jaki sposób na przestrzeni wieków zmieniały się cechy "bohatera". Oprzyj swoją odpowiedź na przykładach z literatury.

* Wyjaśnij tytuł powieści *"Yvain, rycerz lwa"*. Jaką rolę pełni lew i co sobą reprezentuje?

* Podaj przykłady postaci lub miejsc z Materii Wielkiej Brytanii, które są obecnie częścią kultury popularnej.

* Utwory Chrétiena niemal zawsze przebiegają według tego samego schematu. Opisz ten schemat, opierając swoją odpowiedź na przykładach z książki.

* Fabuły w książkach Chrétiena zawsze opierają się na opozycji między honorem a miłością. Czy znacie innych autorów, którzy stawiają te wartości w opozycji? Czy traktują je w taki sam sposób jak Chrétien?

- Czym różni się Chrétienowska wizja miłości od miłości dworskiej?

- Uniwersum Rycerzy Okrągłego Stołu jest obecnie niezwykle popularne, o czym świadczy ogromna liczba filmów osadzonych w tym świecie. Dlaczego tak się dzieje, twoim zdaniem?

DALSZE CZYTANIE

WYDANIE REFERENCYJNE

Chrétien de Troyes (1914) *Yvain, Rycerz Lwa*. Trans. Comfort, W.W. London: Everyman's Library.

BADANIA REFERENCYJNE

Burgess, G. S. i Pratt, R. (2009) *The Arthur of the French: The Arthurian Legend in Medieval French and Occitan Literature (Arthurian Literature in the Middle Ages)*. Cardiff: University of Wales Press.

Gray, M. (1992) *A Dictionary of Literary Terms (York Handbooks)*. 2nd ed. London: Longman.

Lacy, N. J. and Grimbert, J. T. eds. (2008) *A Companion to Chrétien de Troyes (Arthurian Studies)*. Reprint ed. Woodbridge: D.S.Brewer.

McGuinness, P. (2017) *Poezja francuska: From Medieval to Modern Times (Everyman's Library Pocket Poets)*. London: Everyman's Library.

Schultz, J. A. (2006) *Courtly Love, the Love of Courtliness, and the History of Sexuality*. Chicago (Inf. wł.) University of Chicago Press.

Zink, M. (2014) *La littérature française du Moyen Âge*. Paris: Presses Universitaires de France.

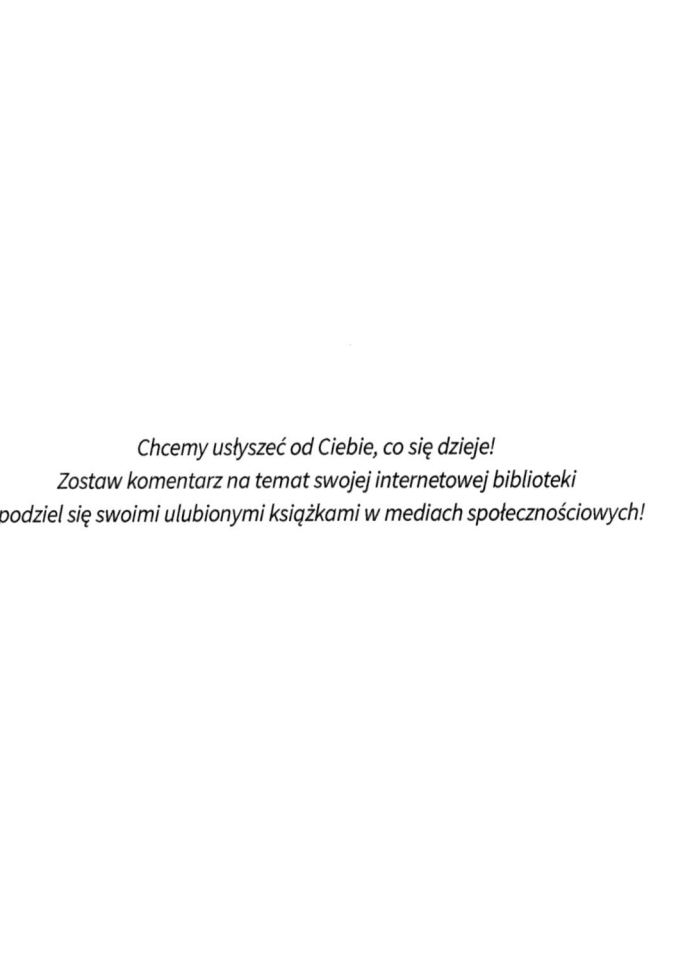

Chcemy usłyszeć od Ciebie, co się dzieje!
Zostaw komentarz na temat swojej internetowej biblioteki
i podziel się swoimi ulubionymi książkami w mediach społecznościowych!

www.50minutes.com

Master ISBN: 9782808694087
Papierowy ISBN: 9782808615488
Depozyt prawny: D/2023/12603/1828

Verhaal: © Primento

Projekt cyfrowy: Primento, cyfrowy partner wydawców.